우리말사경 ②

관세음보살보문품

도서출판
좋은인연

사경의 의의

　　사경이란 경전 말씀을 따라 쓰거나 옮겨 쓴다는 뜻으로 기도 수행의 한 방편입니다. 사경은 스스로 그 마음을 밝혀가는 거룩한 자기 불사(佛事)입니다.
　　이렇게 사경한 종이는 탑 등에 봉안되는데 불국사 석가탑에 모셔져 있다가 얼마전 세간에 알려진 무구정광 대다라니가 그 대표적 예입니다.

사경의 공덕

　　깨끗하고 맑은 마음으로 부처님의 원음(圓音)을 옮겨쓰는 불자는 이미 윤회의 고통을 벗어나 있습니다. 정성 다해 사경하는 이에게는 불보살님의 가피와 위신력이 있어 일체 모든 장애는 사라지고 기쁨이 늘 충만한 삶이 전개될 것입니다.

- 사경의 공덕이 탑을 조성하는 것보다 수승하다.(도행반야경 탑품)
- 만약 어떤 사람이 경전을 사경, 수지, 해설하면 대원을 성취한다.(법화경 법사공덕품)
- 무수한 세월 동안 물질로 보시한 공덕보다 경전을 사경, 수지, 독송하여 다른 이를 위해 해설한 공덕이 수승하다.(금강경 지경공덕분)

사경의 순서

1. 몸을 청정히 한다.
2. 부처님 사진 등을 모시고 향을 피운다.
3. 예불을 올린다.
4. 사경발원문을 독송한다.
5. 정성껏 사경에 들어간다.
6. 사경회향문을 읽고 부처님 전에 삼배한다.

사경발원문

우러러 온 우주 법계에 충만하사 아니 계신 곳 없으시고 만유에 평등하사 자비의 구름으로 피어나신 부처님께 귀의 하나이다.

참타운 실상은 형상과 말을 여의었건만 감응하시는 원력은 삼천대천 세계를 두루 덮으시고 단비 같은 팔만사천 법문으로 온갖 번뇌 씻어주시며 자유자재하신 방편으로 고해 중생 건지시니 행하는 일 성취됨은 맑은 못의 달그림자 같사옵니다.

그러하옵기에, 이렇듯 저의 정성 모아 관세음보살 보문품 사경의식을 봉행하오니 이 공덕으로 신심 더욱 깊어지고 가정은 늘 평안하며 모든이들 부처님 세상에 들게 하여지이다.

관세음보살 관세음보살 관세음보살

* 필요에 따라 자기 가족의 축원을 구체적으로 하셔도 됩니다.

기도불자 ＿＿＿＿＿＿＿＿＿＿＿＿＿＿＿＿ 합장

관세음보살보문품

그때 무진의보살이 자리에서 일어나 오른쪽 어깨를 드러내고 합장하며 부처님께 말씀드렸다.

"세존이시여! 관세음보살은 어떤 인연으로 관세음이라 이름합니까?"

부처님께서 무진의보살에게 말씀하셨다.

"선남자야!

만일 한량없는 백천만억 중생들이 온갖 괴로움을 받을 적에 관세음보살이라는 이름을 듣고 오직 한마음으로 그 이름을 부르면, 관세음보살이 즉시 그 소리를 듣고 살피어서 모두다 그곳에서 해탈을 얻게 하느니라.

이 관세음보살의 이름을 지니고 있는 사람이 설사 큰 불길 속에 들어가게 되더라도 불이 그 사람

을 태우지 못하는데 그것은 이 보살의 위신력 때문이니라.

　큰 홍수에 떠내려가게 되더라도 그의 이름을 부르면 곧 얕은 곳으로 이르게 되느니라. 만약 어떤 백천만억 중생들이 금, 은, 유리, 자거, 마노, 산호, 호박, 진주 등의 보배를 구하기 위하여 큰 바다에 들어갔다가 가령 폭풍이 일어나 그들이 탄 배가 나찰 귀신의 나라로 표류하더라도 그때 그 가운데 한 사람이라도 관세음보살의 이름을 부르는 사람이 있으면 그 사람들이 모두다 나찰의 액난에서 벗어나게 될 것이니, 이러한 인연으로 관세음이라 이름하느니라.

　또 어떤 사람이 흉기에 상해를 입게 되었을 때에 관세음보살의 이름을 부르면 해치려던 자들이 가지고 있던 칼과 몽둥이가 산산조각 부러져 위험에서 벗어나게 될 것이며, 삼천대천세계에 가득한 야차와 나찰들이 와서 괴롭히려 하더라도 그 사람이 관세음보살의 이름을 부르는 소리를 들으면 이 악

귀들은 모두 독기 서린 눈으로 쳐다보지 못하는데 하물며 어떻게 해칠 수가 있겠느냐.

어떤 사람이 죄가 있거나 죄가 없거나 쇠고랑을 차고 칼을 쓰고 몸이 묶이었더라도 관세음보살의 이름을 부르면 그것들이 모두 끊어지고 부서져서 곧 벗어나게 될 것이며, 삼천대천세계에 무서운 도적들이 우글거리는데 상인의 우두머리가 귀중한 보물을 가지고 상인들과 함께 험한 길을 지나갈 적에 그 중에 어떤 사람이 말하기를,

'선남자들이여! 그대들은 두려워하지 말고 오직 한마음으로 관세음보살의 이름을 부르십시오. 그러면 이 보살이 두렵지 않게 하여 주십니다. 그대들이 만일 이 이름을 부르면 이 무서운 도적들로부터 당연히 벗어나게 될 것입니다.' 하여 상인들이 이 말을 듣고 다 함께 소리내어 '나무관세음보살'이라고 부르면 그 이름을 부른 까닭으로 곧 벗어나게 되느니라.

무진의야! 관세음보살마하살의 위신력은 이와

같이 어마어마한 것이니라.

만일 어떤 중생이 음욕심이 많을지라도 언제나 관세음보살을 생각하고 공경하면 곧 음욕심을 여의게 되고 성내는 마음이 많을지라도 언제나 관세음보살을 생각하고 공경하면 성내는 마음을 여의게 되며, 만약 어리석은 마음이 많을지라도 언제나 관세음보살을 생각하고 공경하면 곧 어리석음을 여의게 되느니라.

무진의야! 관세음보살은 이와 같이 큰 위신력이 있어서 이로움을 많이 주느니라. 그러므로 중생들은 언제나 마음으로 관세음보살을 생각하여야 하느니라.

만일 어떤 여인이 아들을 낳기를 원하여 관세음보살에게 예배하고 공양하면 곧 복덕과 지혜가 있는 아들을 낳을 것이고, 가령 딸 낳기를 원한다면 단정하고 예쁜 딸을 낳으리니 지나온 여러 생에서 덕을 심었으므로 사람들의 사랑과 존경을 받을 것이니라.

무진의야! 관세음보살은 이와 같은 힘이 있느니라.

중생들이 관세음보살을 공경하고 예배하면 그 복이 헛되지 않으므로 중생들은 모두다 관세음보살의 이름을 받아 지니고 불러야 하느니라.

무진의야! 만약에 어떤 사람이 육십이억 항하의 모래 수 같은 보살들의 이름을 받아 지니고 몸이 다하도록 음식과 의복과 눕거나 쉴 때에 쓰는 물건과 의약으로 공양한다면 너의 생각은 어떠하냐. 이 선남자와 선여인의 공덕이 많겠느냐?"

무진의보살이 말하였다.

"대단히 많겠습니다, 세존이시여!"

부처님께서 말씀하셨다.

"만약에 어떤 사람이 관세음보살의 이름을 받아 지니고 부르며 단 한때만이라도 예배하고 공양하면 이 두 사람의 복은 똑같아 차이가 없으며 백천만억 겁이 지나더라도 다하여 없어지지 않느니라.

무진의야! 관세음보살의 이름을 받아 지니고 부르면 이와 같이 한량없고 끝없는 복덕의 이로움을

얻게 되느니라."

무진의보살이 부처님께 말씀드렸다.

"세존이시여! 관세음보살은 어떻게 이 사바세계에 다니시며, 어떻게 중생들을 위하여 설법하시며, 방편의 힘은 사실 어떠합니까?"

부처님께서 무진의보살에게 말씀하셨다.

"선남자야! 만일 어떠한 국토의 중생으로서, 마땅히 부처님의 몸으로 제도하여야 할 이에게는 관세음보살이 곧 부처님의 몸을 나타내어 설법을 하고, 벽지불의 몸으로 제도하여야 할 이에게는 벽지불의 몸을 나타내어 설법을 하며, 성문의 몸으로 제도하여야 할 이에게는 성문의 몸을 나타내어 설법을 하고, 범천왕의 몸으로 제도하여야 할 이에게는 범천왕의 몸을 나타내어 설법을 하며, 제석천왕의 몸으로 제도하여야 할 이에게는 제석천왕의 몸을 나타내어 설법을 하고, 자재천의 몸으로 제도하여야 할 이에게는 자재천의 몸을 나타내어 설법을 하며, 대자재천의 몸으로 제도하여야 할 이에게는

대자재천의 몸을 나타내어 설법을 하고, 천대장군의 몸으로 제도하여야 할 이에게는 천대장군의 몸을 나타내어 설법을 하며, 비사문의 몸으로 제도하여야 할 이에게는 비사문의 몸을 나타내어 설법을 하고, 소왕의 몸으로 제도하여야 할 이에게는 소왕의 몸을 나타내어 설법을 하며, 장자의 몸으로 제도하여야 할 이에게는 장자의 몸을 나타내어 설법을 하고, 거사의 몸으로 제도할 이에게는 거사의 몸을 나타내어 설법을 하며, 관리의 몸으로 제도하여야 할 이에게는 관리의 몸을 나타내어 설법을 하고, 바라문의 몸으로 제도하여야 할 이에게는 바라문의 몸을 나타내어 설법을 하며, 비구나 비구니나 우바새나 우바이의 몸으로 제도하여야 할 이에게는 비구나 비구니나 우바새나 우바이의 몸을 나타내어 설법을 하고, 장자나 거사나 관리나 바라문들의 부녀의 몸으로 제도하여야 할 이에게는 곧 그들의 부녀의 몸을 나타내어 설법을 하며, 소년이나 소녀의 몸으로 제도하여야 할 이에게는 소년이나

소녀의 몸을 나타내어 설법을 하고, 천인이나 용이
나 야차나 건달바나 아수라나 가루라나 긴나라나
마후라가 등 사람이나 사람이 아닌 이들의 몸으로
제도하여야 할 이에게는 모두다 그들의 몸을 나타
내어 설법을 하며, 집금강신(금강역사)의 몸으로
제도하여야 할 이에게는 곧 집금강신의 몸을 나타
내어 설법을 하느니라.

무진의야! 관세음보살은 이러한 공덕을 성취하
였으므로 여러 가지 형상으로 모든 국토를 다니면
서 중생들을 제도하여 해탈하게 하느니라.

그러므로 너희들은 마땅히 일심으로 관세음보살
을 공양하여라. 이 관세음보살마하살은 두렵고 무
섭고 위급하고 어려운 가운데서 두려움을 없애주
므로 이 사바세계에서는 모두 관세음보살님을 불
러 '두려움을 없애 주시는 분'이라고 하느니라."

무진의보살이 부처님께 말씀드렸다.

"세존이시여! 제가 지금 관세음보살님께 공양을
하고 싶습니다."

그리고 목에 걸었던 백천 량의 금값만큼이나 되는 온갖 보배구슬과 영락을 풀어 받들어 올리며 말하였다.

"어지신 분이시여! 법으로써 드리는 이 귀한 보배와 영락을 받으십시오."

이때 관세음보살이 기꺼이 받지 않으려 하므로, 무진의가 다시 관세음보살에게 말하였다.

"어지신 분이시여! 저희들을 어여삐 여기시어 이 영락을 받으소서."

그때 부처님께서 관세음보살에게 말씀하였다.

"마땅히 이 무진의보살과 사부대중과 천인과 용과 야차와 건달바와 아수라와 가루라와 긴나라와 마후라가와 사람과 사람 아닌 이들을 어여삐 여기어 그 영락을 받으라."

그때 관세음보살이 즉시 모든 사부대중과 천인과 용과 사람과 사람 아닌 이들을 어여삐 여기시어서 그 영락을 받으시고는 둘로 나누어서 하나는 석가모니 부처님께 바치고 하나는 다보 부처님의 탑

에 바쳤다.

"무진의야! 관세음보살은 이와 같은 자재한 신통력이 있으므로 사바세계를 다니느니라."

그러자 무진의보살이 게송으로 말씀드렸다.

"묘한 상호 갖추신 부처님께 제가 지금 저 일을 묻자오니 불자들이 어떠한 인연으로 관세음보살이라 이르나이까?"

묘한 상호 갖추신 세존께옵서는 게송으로 무진의에게 대답하셨다.

"그대는 잘 들으라. 관음의 높은 덕은 곳에 따라 마땅히 응하느니라.

큰 서원은 바다와 같이 깊어서 헤아릴 수 없는 여러 겁 동안 여러 천억 부처님 모셔 받들며 청정한 큰 서원을 세웠느니라.

내 이제 그대에게 줄여서 말하노니 그 이름 듣거나 모습을 보는 이가 지극한 마음으로 깊이 새기면 모든 세상 괴로움을 소멸하리라.

어떤 이가 해치려는 생각을 품고 불구덩이에 밀

어서 떨어뜨려도 관세음을 염하는 거룩한 힘이 불
구덩이를 못으로 변하게 하고 큰 바다에 빠져서 떠
내려 갈 제 용과 고기 귀신의 난을 만나도 관세음을
염하는 거룩한 힘은 파도를 잠재워 안온케 하네.
　수미산 봉우리에 서 있을 때 어떤 이가 밀어서 떨
어뜨려도 관세음을 염하는 거룩한 힘이 해와 같이
허공에 떠있게 하고, 흉악한 사람에게 쫓겨 가다가
험한 산에서 떨어져 굴러내려도 관세음을 염하는
거룩한 힘이 털끝하나 손상치 못하게 하네.
　원수인 도적에게 둘러 싸여서 제각기 칼을 들고
해하려 해도 관세음을 염하는 거룩한 힘이 그들에
게 자비한 마음 생기게 하고, 어쩌다 국법을 어기
게 되어 망나니의 칼끝에 서게 되어도 관세음을 염
하는 거룩한 힘에 칼날이 조각조각 부수어지네.
　옥중에 갇히어서 큰 칼을 쓰고 손발에 고랑을 채
웠더라도 관세음을 염하는 거룩한 힘에 저절로 시
원하게 풀려나오고, 방자히 저주하며 독한 약으로
나의 몸을 해치려 할지라도 관세음을 염하는 거룩

한 힘에 도리어 그 사람이 다치게 되네.

흉악한 나찰이나 독한 용들이 이 내 몸 해치려 한
다 하여도 관세음을 염하는 거룩한 힘이 오히려 그
들을 항복케 하고, 사나운 짐승들에 둘러 싸여 험
상한 이와 발톱 무섭더라도 관세음을 염하는 거룩
한 힘이 그들을 오히려 도망케 하네.

살모사 독사같은 무서운 독충들 독기가 불꽃처
럼 내뿜더라도 관세음을 염하는 거룩한 힘에 소리
듣고 스스로 피하여 가고, 검은 구름 천둥에 번개
치면서 우박과 소나기 퍼붓더라도 관세음을 염하
는 거룩한 힘에 잠시간에 흩어져 걷히게 되네.

중생들이 곤욕과 핍박을 받아 한량없는 괴로움
닥치더라도 관세음의 기묘한 지혜의 힘이 세간의
모든 고통 다 구하네.

신통하고 묘한 힘 두루 갖추고 지혜의 여러 방편
널리 닦아서 시방의 모든 세계 어디서든지 갖가지
몸 나투지 않는 데 없어 갖가지 험하고 나쁜 갈래
인 지옥과 아귀 축생들까지 나고 늙고 병들고 죽는

고통을 차츰차츰 모두 다 없애 버리네.

참되고 깨끗하게 보살피시고 넓고 크신 지혜로 관찰하시며 자비하신 마음으로 어루만져 주시니 언제나 원하옵고 앙모합니다.

때 없이 청정하고 밝은 광명이 해와 같은 지혜로 어둠 깨치고, 풍재와 화재들을 굴복시키고 골고루 이 세상 비춰 주시니 대비는 체가 되고 계행은 우레되고, 자비하신 마음은 묘한 큰 구름 감로의 법비를 내려주셔서 번뇌의 불꽃 소멸하오며 송사하고 다투는 법정에서나 무섭고 겁이 나는 진중에서도 관세음을 염하는 거룩한 힘이 원수들을 물리쳐 흩어 버리네. 미묘한 음성이신 관세음보살, 범천왕의 음성과 조수의 음성, 세간의 음성보다 뛰어나시니 갈수록 사무침이 더해만 가네.

중생들은 조금도 의심치 마세. 거룩하고 청정하신 관세음보살 세상사 고뇌 속의 등대이시니 능히 믿고 의지할 어버이시네. 여러 가지 공덕을 다 갖추시고 자비한 눈길로 중생을 보시며, 중생의 원함

따라 복덕주시니, 그 공덕 찬탄하며 예배합니다.”
　그때 지지보살이 자리에서 일어나 부처님 앞으로 나아가 부처님께 말씀드렸다.
　“세존이시여! 만일 어떤 중생이 이 관음경(관세음보살품)의 자재하신 활동과 넓은 문(여러 몸)으로 나타내어 보이시는 신통력을 듣는 이가 있으면 이 사람의 공덕이 적지 아니함을 마땅히 알겠습니다.”
　부처님께서 이 관음경(보문품)을 설하실 때 대중 가운데 팔만사천의 중생들이 모두다 비길 데 없이 평등한 아뇩다라삼먁삼보리의 마음을 일으켰다.

〈묘법연화경 제 이십오 관세음보살보문품 끝〉

관 세 음 보 살
관 세 음 보 살
나무관세음보살

사 경 회 향 문

나무불 나무법 나무승 시방법계에 두루하신 부처님이여!

저에게 이렇듯 큰 가피 내리시어 관세음보살보문품 사경을 마치게 하시니 너무너무 감사할 따름입니다.

거듭청하옵나니 더욱 착한 불자로 이끌어 주시고 귀의하옵는 저의 마음에 자비의 광명으로 임하사 공덕의 등불되게 하소서. 선망부모 조상님들 모두 극락으로 인도하옵시며 저의 가족 언제나 건강하며 하는 일이 뜻과 같이 되게 하소서.

오늘 이처럼 닦은 공부, 모든 이웃에게 두루 회향하오며 세세생생 보살도 닦기를 서원합니다.

시방에 두루하신 부처님께 귀명정례 하옵니다.

판세음보살 판세음보살 판세음보살

기도불자 _______________________   합장